Impressum
Verlag: BABADADA GmbH, Nedderfeld 112 , 22529 Hamburg
Geschäftsführer / Verlagsleitung: Harald Hof
Druck: Books on Demand GmbH, In de Tarpen 42, 22848 Norderstedt

Imprint
Publisher: BABADADA GmbH, Nedderfeld 112 , 22529 Hamburg, Germany
Managing Director / Publishing direction: Harald Hof
Print: Books on Demand GmbH, In de Tarpen 42, 22848 Norderstedt

dugsi

school

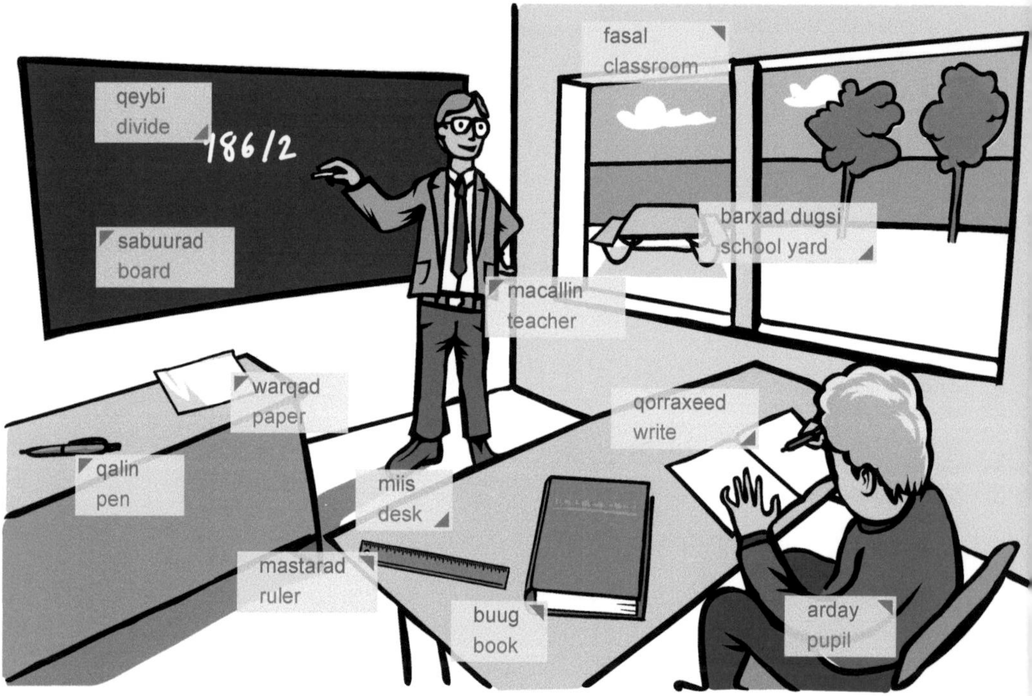

fasal
classroom
qeybi
divide
186/2
sabuurad
board
barxad dugsi
school yard
macallin
teacher
warqad
paper
qorraxeed
write
qalin
pen
miis
desk
mastarad
ruler
buug
book
arday
pupil

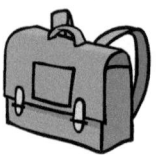

boorso

satchel

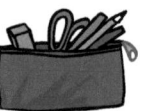

kiis qalin-qori

pencil case

qalin-qori

pencil

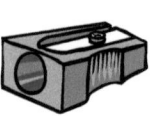

koobka qalin qor

pencil sharpener

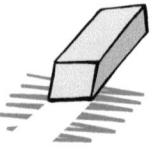

titirre

rubber

buugga sawirka

drawing pad

sawirid

drawing

burushka midabaynta

paintbrush

gasaca midabaynta

paint box

maqasyo

scissors

koollo

glue

buug qoraal

exercise book

shaqo-guri

homework

lambar

number

ku dar

add

ka jar

subtract

ku dhufo

multiply

xisaabi

calculate

warqad

letter

alifbeeto

alphabet

erey

word

qoraal

text

akhri

read

jeesto

chalk

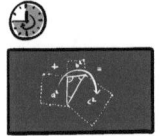

cahsar

lesson

diiwaan

register

imtixaan

exam

shahaado

certificate

direes dugsi

school uniform

waxbarasho

education

diwaan mowduuceed

encyclopedia

jaamacad

university

mayskariskoob

microscope

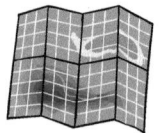

khariidad

map

haan qashin-gur

waste-paper basket

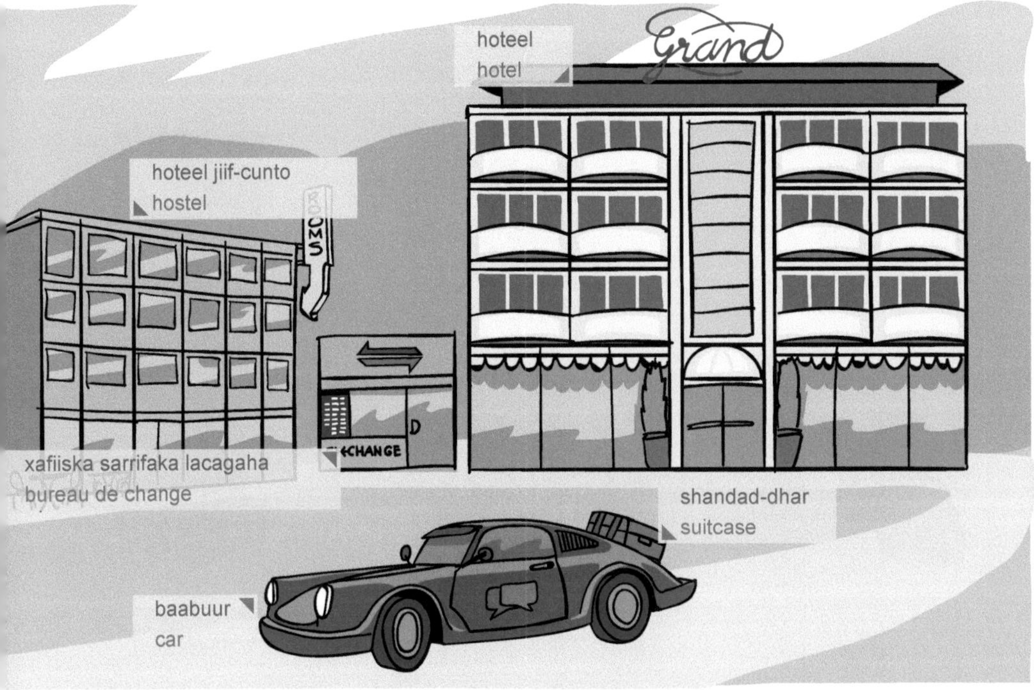

hoteel
hotel
Grand
hoteel jiif-cunto
hostel
ROOMS
EXCHANGE
xafiiska sarrifaka lacagaha
bureau de change
shandad-dhar
suitcase
baabuur
car

luuqad

language

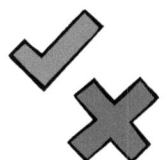

haa / maya

yes / no

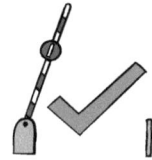

Hagaag

Okay

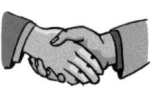

nabad miyaa

hello

turjumaan

translator

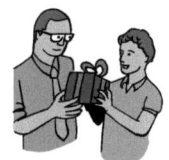

Waad mahadsan tahay

Thank you

waa immisa…?
how much is…?

ma aanan fahamin
I do not understand

dhibaato
problem

galab wanaagsan!
Good evening!

subax wanaagsan!
Good morning!

habeen wanaagsan!
Good night!

nabad gelyo
bye bye

jiho
direction

alaabo
luggage

boorso
bag

boorso-dhabar
backpack

marti
guest

qol
room

katiifad
sleeping bag

teendho
tent

xog dalxiis

tourist information

xeebta

beach

kaar amaah

credit card

quraac

breakfast

qado

lunch

casho

dinner

rasiid

ticket

wiish

lift

tiimbare

stamp

xuduud

border

qeybta-canshuur-bixinta

customs

safaarad

embassy

dal ku gal

visa

baasaboor

passport

gaadiid
transport

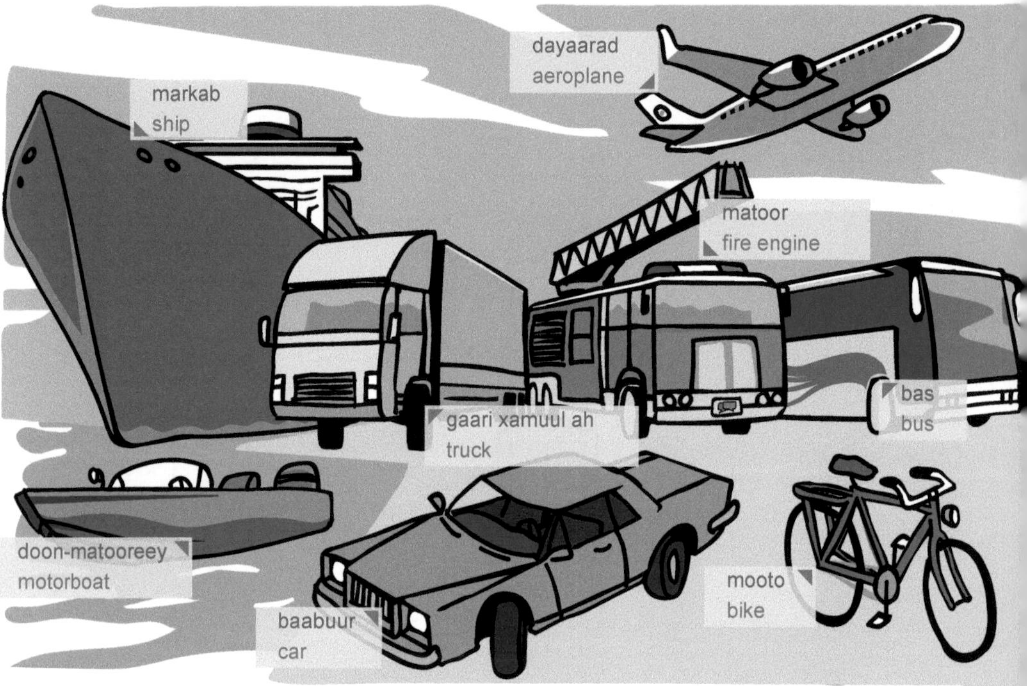

dayaarad
aeroplane
markab
ship
matoor
fire engine
bas
bus
gaari xamuul ah
truck
doon-matooreey
motorboat
mooto
bike
baabuur
car

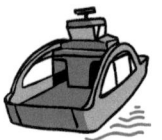

doon

ferry

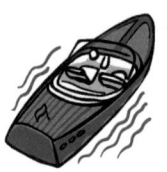

doonnida

boat

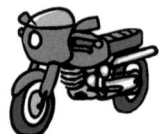

mooto

motorbike

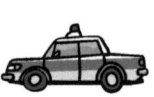

baabuur booliis

police car

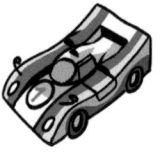

baabuur baratan

racing car

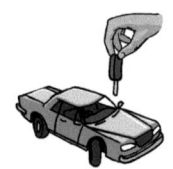

baabuur la-kiraysto

rental car

gaadiid-wadaag

car sharing

wiishle

breakdown truck

gaari qashin-gure

refuse truck

matoor

motor

shidaal

fuel

ajib

petrol station

calaamad taraafiko

traffic sign

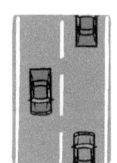

taraafiko

traffic

jaam baabuur

traffic jam

baarkin-baabuur

car park

boosteejo tareen

train station

waddo-tareen

tracks

tareen

train

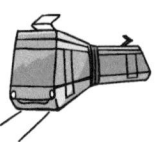

taraam

tram

gaari faras

carriage

helikobtar

helicopter

garoonka dayuuradaha

airport

manaarad

tower

rakaab

passenger

weel

container

kartoon

carton

gaari faras

cart

dambiil

basket

kicid / degis

take off / land

magaalo

city

tuulo

village

faras magaale

city centre

guri

house

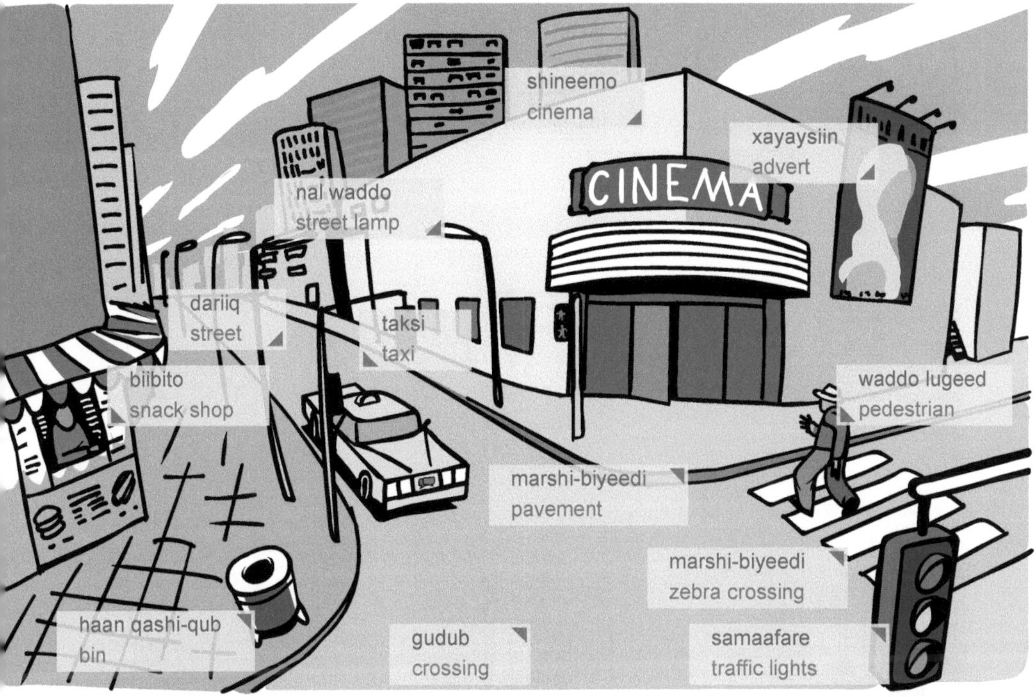

shineemo
cinema

xayaysiin
advert

nal waddo
street lamp

dariiq
street

taksi
taxi

waddo lugeed
pedestrian

biibito
snack shop

CINEMA

marshi-biyeedi
pavement

marshi-biyeedi
zebra crossing

haan qashi-qub
bin

gudub
crossing

samaafare
traffic lights

mundul

hut

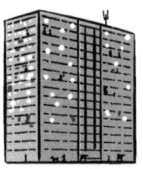

dabaq

flat

boosteejo tareen

train station

xarunta dowladda-hoose

town hall

matxaf

museum

dugsi

school

jaamacad

university

bangi

bank

isbitaal

hospital

hoteel

hotel

farmasi

pharmacy

xafiis

office

buug shoob

book shop

dukaan

shop

dukaan ubax

florist's

carwo

supermarket

suuq

market

suuq weyne

department store

kalluun-iibshe

fishmonger's

suuq

shopping centre

furdo

harbour

jardiino

park

kursi

bench

buundo

bridge

jaraanjaro

stairs

waddo-tareen-hoosaad

underground

waddo-dhul hoose

tunnel

boosteejo

bus stop

baar

bar

makhaayad

restaurant

sanduuq boosto

postbox

calaamad waddo

street sign

joogid-cabbire

parking meter

beer-xayawaan

zoo

barkad dabbaalasho

swimming pool

masaajid

mosque

beer
farm

naqas
pollution

qabuuro
graveyard

kaniisad
church

garoon
playground

macbad
temple

muqaal-dhireed
landscape

caleen
leaf

calaamad-waddo
signpost

waddo
way

seere
meadow

dhagax
stone

geed
tree

buur korre
hiker

webi
river

caws
grass

ubax
flower

dooxo

valley

buur

hill

laag

lake

kayn

forest

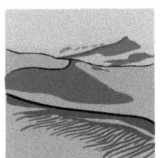

saxare

desert

foolkaano

volcano

qasri

castle

qaanso-roobaad

rainbow

barkin-waraabe

mushroom

geed timireed

palm tree

kaneeco

mosquito

duqsi

fly

qoraanjo

ant

shinni

bee

caaro

spider

dameer-duudeey

beetle

rah

frog

dabagaalle

squirrel

kashiito

hedgehog

dabagaalle

hare

guumeys

owl

shimbir

bird

boolo-boolo

swan

doofaar-jilibeey

boar

deero

deer

faras-duur

moose

biyo-xireen

dam

tamar-dhaliye

wind turbine

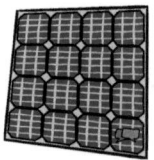

soollar

solar panel

cimilo

climate

makhaayad
restaurant

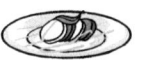

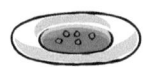

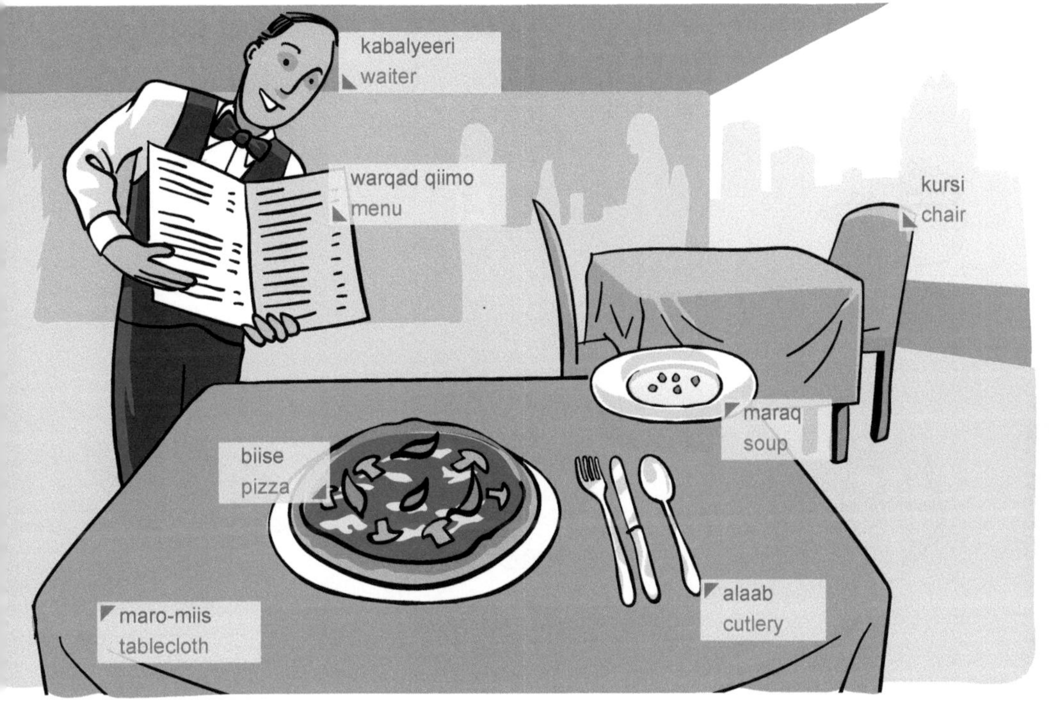

kabalyeeri
waiter
warqad qiimo
menu
kursi
chair
maraq
soup
biise
pizza
alaab
cutlery
maro-miis
tablecloth

af-billow
....
starter

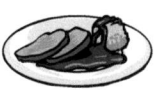

cunto bariimo
....
main course

macmacaan
....
dessert

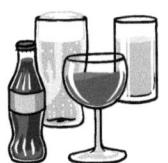

cabitaan
....
drinks

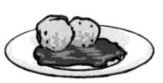

cunto
....
food

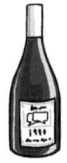

dhalo
....
bottle

cunto diyaarsan

fast food

cunto-waddo

street food

jalmad shaah

teapot

weelka sonkorta

sugar bowl

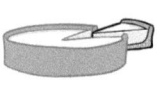

qayb

portion

mashiinka isbareesada

espresso machine

kursi dheer

high chair

biil

bill

tereey

tray

mindi

knife

fargeeto

fork

qaaddo

spoon

malqacad-shaah

teaspoon

shukumaan miis

serviette

galaas

glass

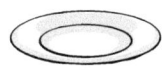

saxan

plate

saxanka maraqa

soup plate

saxan

saucer

suugo

sauce

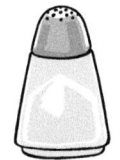

weelka cusbada

salt pot

basbaas shiide

pepper mill

fixiye

vinegar

saliid

oil

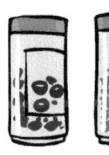

dhandhanaan

spices

suugo

ketchup

mastaard

mustard

mayoonees

mayonnaise

carwo
supermarket

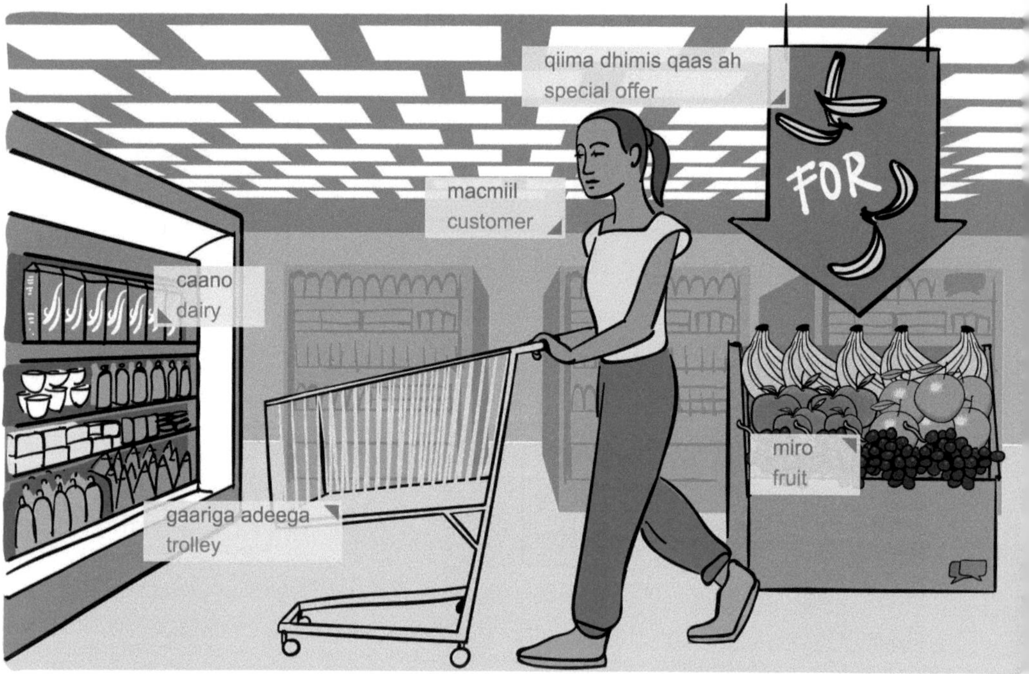

qiima dhimis qaas ah
special offer
FOR
macmiil
customer
caano
dairy
miro
fruit
gaariga adeega
trolley

BUTCHERS

kawaan

butcher´s

BAKERY

foorno

baker´s

cabbir

weigh

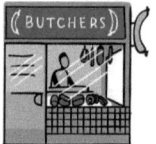

khudaar

vegetables

hilib

meat

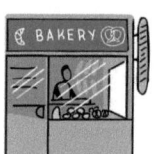

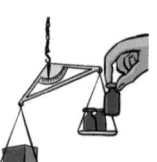

cunto la qaboojiyay

frozen food

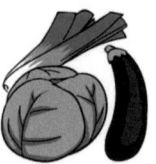

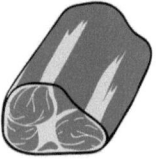

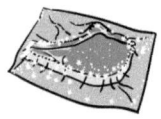

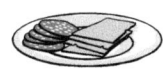

hilibka qadada

cold meat

cunto gasacadeysan

tinned food

oomo

washing powder

macmacaan

sweets

alaabada guri

household products

alaabo nadaafad

cleaning products

iibshe

salesperson

diiwaan lacagta

till

qasnaji

cashier

liis adeeg

shopping list

saacadaha shaqo

opening hours

shandada jeebka

wallet

kaar amaah

credit card

bac

bag

bac

plastic bag

cabitaan
drinks

biyo

water

casiir

juice

caano

milk

kooka-kola

coke

khamri

wine

biir

beer

khamri

alcohol

kooke

cocoa

shaah

tea

kafee

coffee

isberesso

espresso

koobishiin

cappuccino

muus

banana

tufaax

apple

liin-bambeelmo

orange

qare

melon

liin

lemon

karooto

carrot

toon

garlic

baambuu

bamboo

basal

onion

barkin-waraabe

mushroom

loos

nuts

baasto

noodles

baasto

spaghetti

bariis

rice

salar

salad

jibsi

chips

baradho shiilan

fried potatoes

biise

pizza

haambeegar

hamburger

saanwij

sandwich

hilib-jiir

cutlet

hilib-doofaar

ham

salami

salami

sooseej

sausage

hilib-digaag

chicken

duban

roast

kalluun

fish

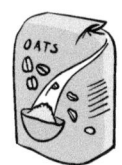

sareenta mashaarida

porridge oats

quraac isku-dhafan

muesli

daango

cornflakes

bur

flour

nooc rooti ah

croissant

rooti

bread roll

rooti

bread

rooti-la-kulluleeyey

toast

buskud

biscuits

subag

butter

hanti

curd

doolsho

cake

ukun

egg

ukun shiilan

fried egg

burcad

cheese

jalaato

ice cream

sonkor

sugar

malab

honey

malmalaado

jam

labeen macmacaan

chocolate spread

suugo

curry

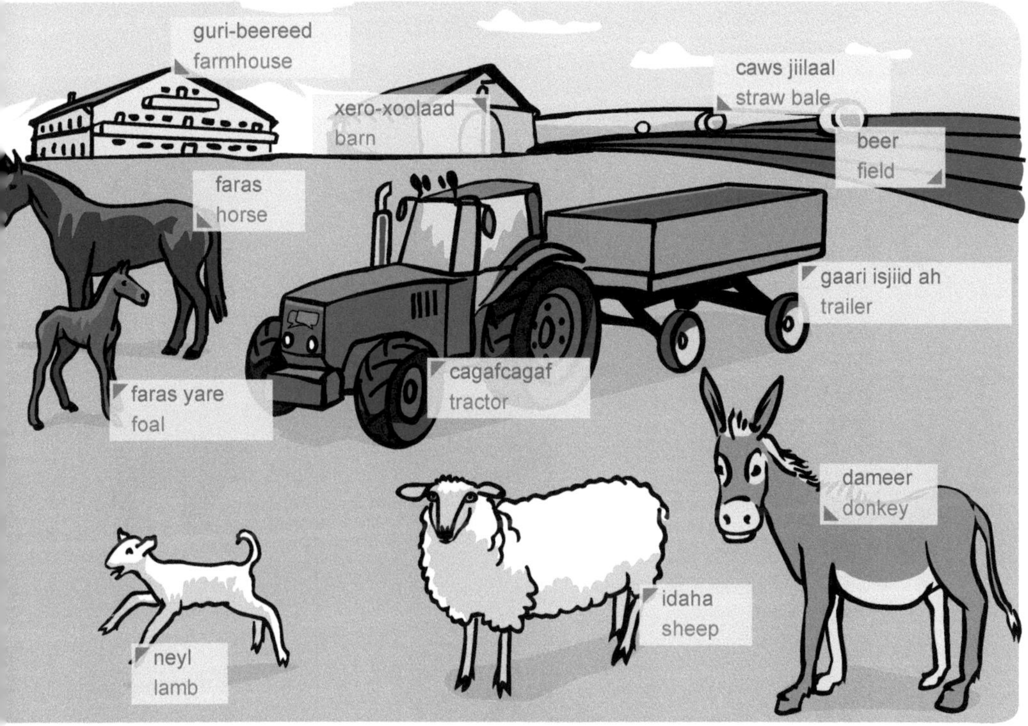

guri-beereed
farmhouse

caws jiilaal
straw bale

xero-xoolaad
barn

beer
field

faras
horse

gaari isjiid ah
trailer

cagafcagaf
tractor

faras yare
foal

dameer
donkey

idaha
sheep

neyl
lamb

ri'

goat

sac

cow

weyl

calf

doofaar

pig

dhal doofaar

piglet

dibi

bull

bawaato lab

goose

bawaato

duck

jiijiile

chick

digaag

hen

diiq

cock

doolli

rat

bisad

cat

jiir

mouse

dibi

ox

eey

dog

hoyga eeyga

doghouse

tuubbo waraab

garden hose

sakeelka waraabinta

watering can

gudin

scythe

carro-roge

plough

gudin

sickle

yaambo

hoe

fargeeto caws-beereed

pitchfork

faas

axe

gaari -gacan

wheelbarrow

dar

trough

dhalada caanaha

milk can

jawaan

sack

deer

fence

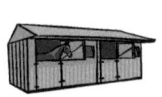

xero xooleed

stable

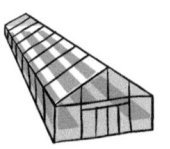

gur-biqlin-dhireed

greenhouse

ciidda

soil

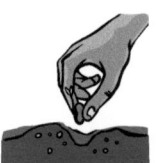

abuuka

seed

bacrimiye

fertilizer

cagafta beer-goynta

combine harvester

beer-goyn

harvest

beer-gooyn

harvest

moxog

yams

sarreen

wheat

soya

soy

baradho

potato

galley

corn

geed-saliideed

rapeseed

geed mirood

fruit tree

moxog

cassava

firiley

cereals

guri
house

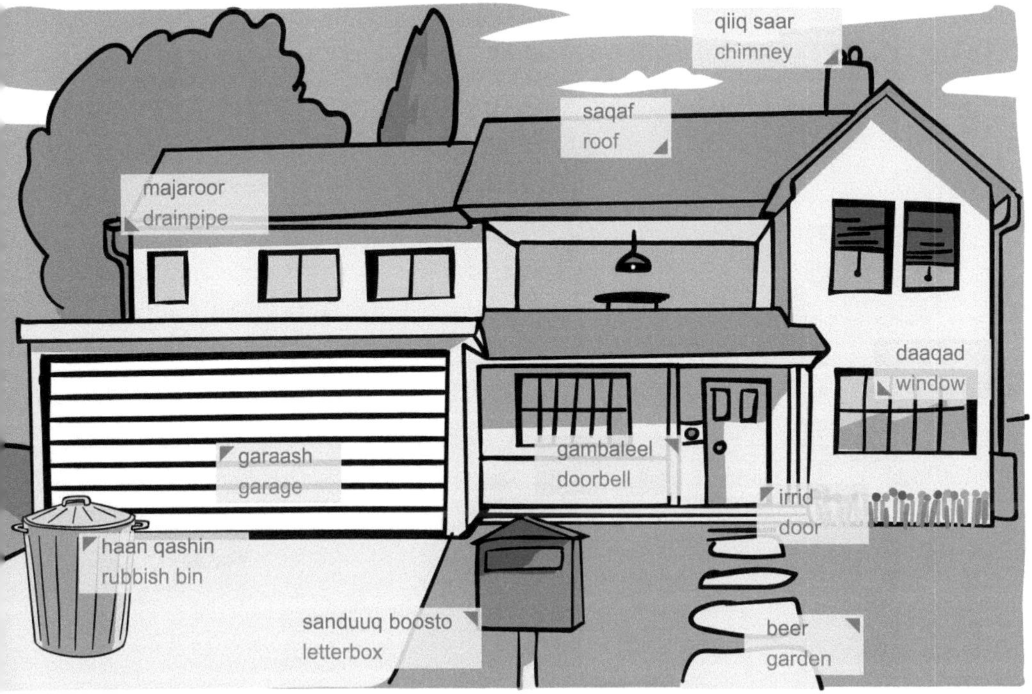
qiiq saar
chimney
saqaf
roof
majaroor
drainpipe
daaqad
window
garaash
garage
gambaleel
doorbell
irrid
door
haan qashin
rubbish bin
sanduuq boosto
letterbox
beer
garden

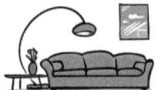

qol jiib

living room

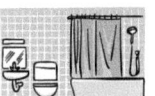

musqul-qubeys

bathroom

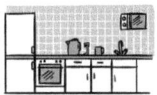

jiko

kitchen

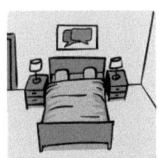

qolka jiifka

bedroom

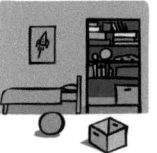

qolka ilmaha

child's room

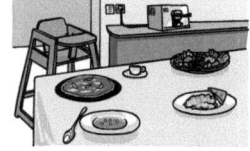

qolka cuntada

dining room

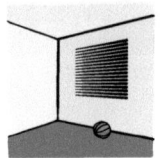

sagxad

floor

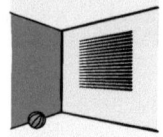

derbi

wall

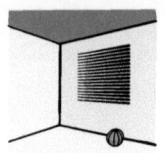

saqaf

ceiling

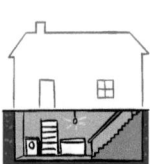

makhaasiin

cellar

soona

sauna

balakoon

balcony

daarad

terrace

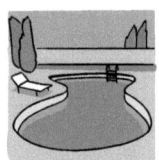

barkad

pool

caws-jare

lawn mower

buste

sheet

go'

bedspread

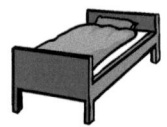

sariir

bed

xaaqin

broom

baaldi

bucket

daare-damiye

switch

qol jiib

living room

sharaaxd-derbi
wallpaper
sawir
picture
feynuus
lamp
qaanad
shelf
armaajo
cupboard
telefiishan
television
dab-shid
fireplace
ubax
flower
barkin
cushion
fadhi-carbeed
sofa
dheri-ubax
vase
rimuud
remote control

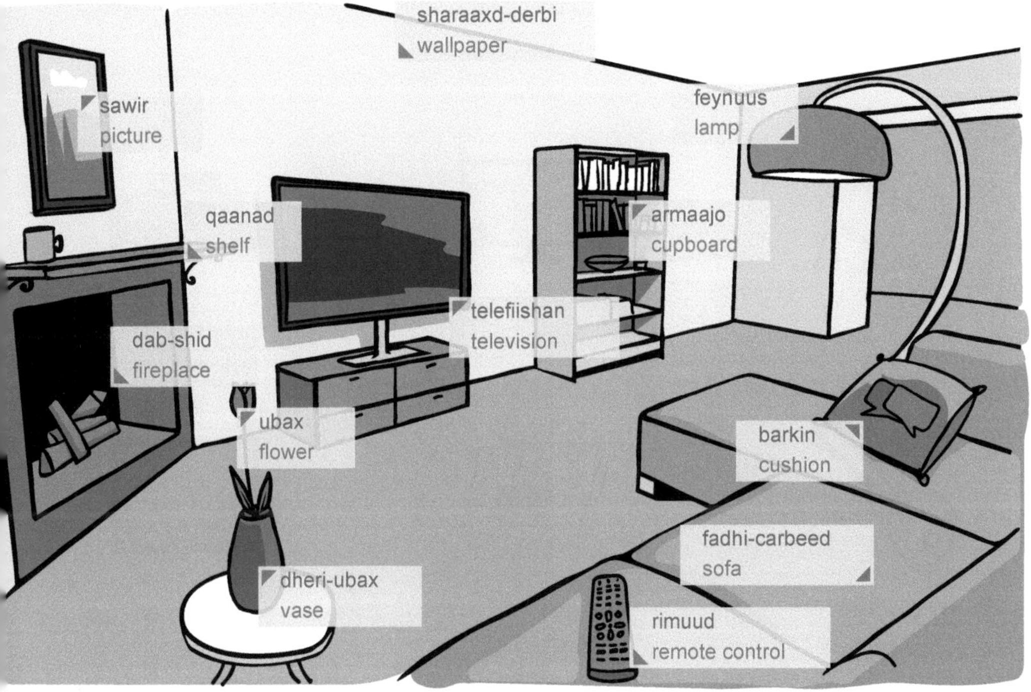

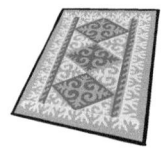

roog
carpet

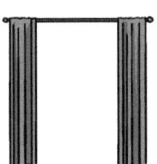

daah
curtain

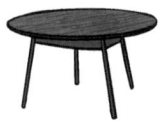

miis
table

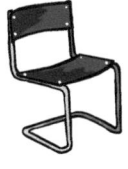

kursi
chair

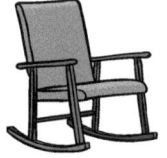

kursi wareega
rocking chair

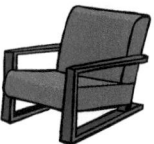

kursi fadhi
armchair

buug

book

buste

blanket

qurxin

decoration

xaabo

firewood

filin

film

cod-baahiye

hi-fi equipment

fure

key

wargeys

newspaper

rinjiyeyn

painting

tabeelo

poster

raadiye

radio

xusuus-qor

notepad

huufar

hoover

tiitiin

cactus

shumac

candle

jiko
kitchen

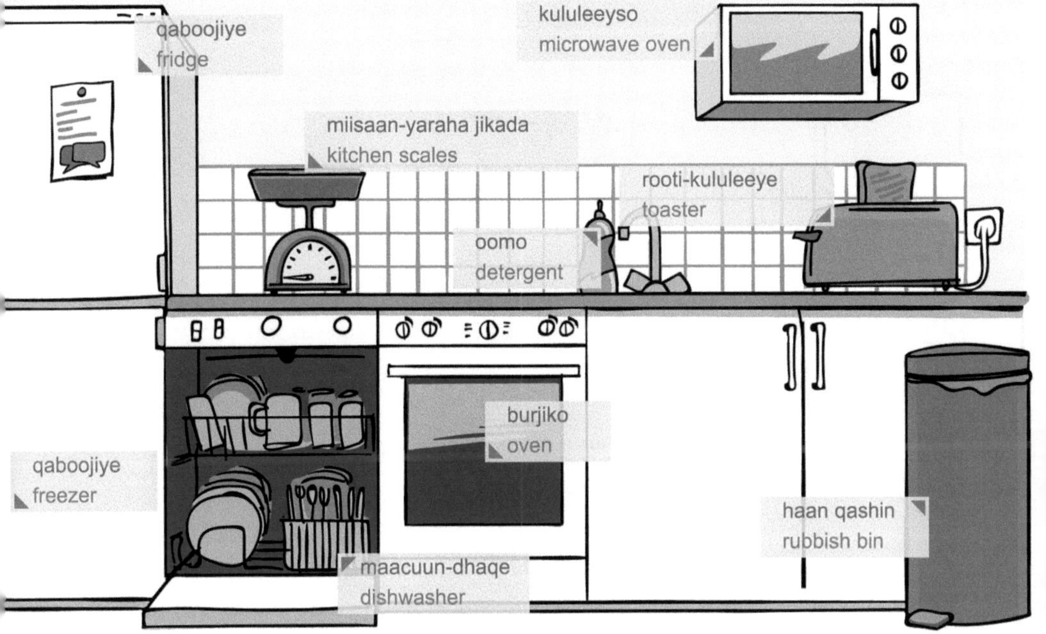
qaboojiye
fridge
kululeeyso
microwave oven
miisaan-yaraha jikada
kitchen scales
rooti-kululeeye
toaster
oomo
detergent
burjiko
oven
qaboojiye
freezer
haan qashin
rubbish bin
maacuun-dhaqe
dishwasher

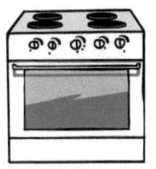

kuuker

cooker

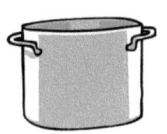

dheri

pot

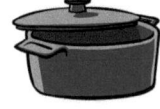

birtaawo

cast-iron pot

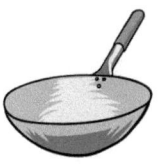

birtaawo

wok / kadai

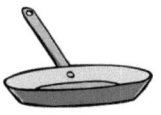

birtaawo

pan

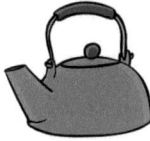

kirli

kettle

uumiye

steamer

saxaarad dubista

baking tray

maacuun

crockery

bakeeri

mug

baaquli

bowl

qoryo wax lagu cuno

chopsticks

malqacad

ladle

qaado

spatula

folow

whisk

miire

strainer

shashaq

sieve

qudaar-jare

grater

mooye

mortar

hilib-sol

barbecue

dab

open fire

alwaaxa wax-jar-jarka

chopping board

ul jabaati

rolling pin

guf-saare

corkscrew

gasac

can

gasac-fure

can opener

istaraasho-jiko

pot holder

saxanka-alaab-dhaqa

sink

caday

brush

isbuunyo

sponge

shiide

blender

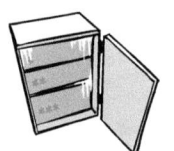

qaabojin qoto-dheer

deep freezer

masaasad

baby bottle

tuubbo

tap

musqul-qubeys

bathroom

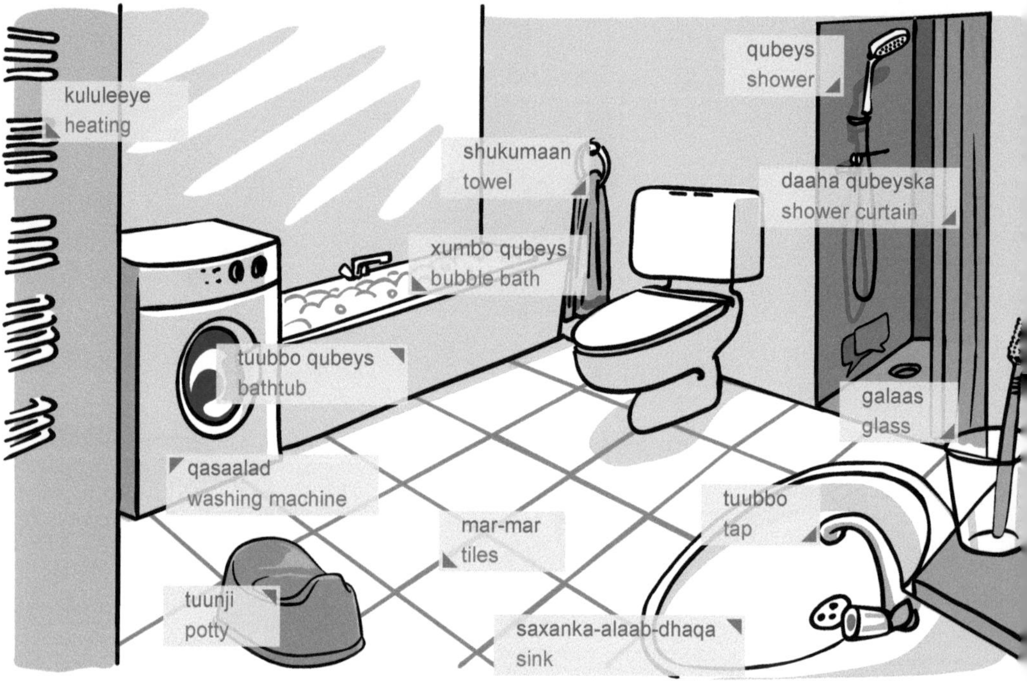
kululeeye
heating
shukumaan
towel
qubeys
shower
daaha qubeyska
shower curtain
xumbo qubeys
bubble bath
tuubbo qubeys
bathtub
galaas
glass
qasaalad
washing machine
tuubbo
tap
mar-mar
tiles
tuunji
potty
saxanka-alaab-dhaqa
sink

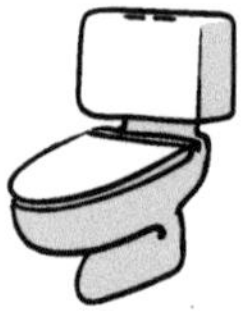

musqul
toilet

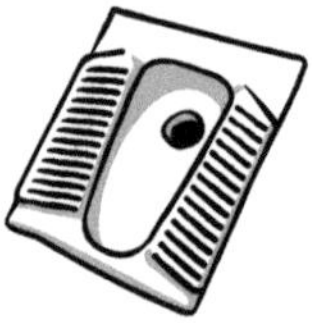

musqusha fadhiga
squat toilet

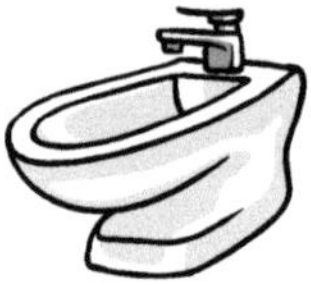

siin
bidet

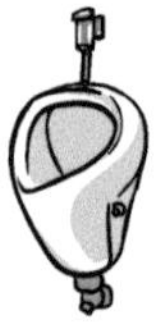

weel kaadi
urinal

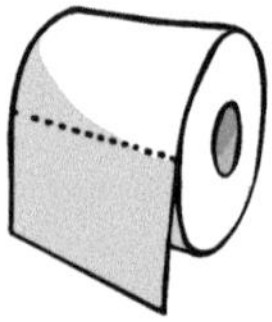

tiish musqul
toilet paper

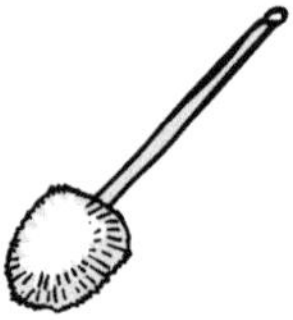

burushka musqusha
toilet brush

caday

toothbrush

daawo caday

toothpaste

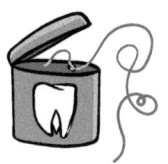

dunta ilka farashada

dental floss

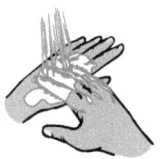

dhaq

wash

gacan qubeys

handheld shower

tuubo-musqul

douche

beeshin

basin

burush-qubeys

back brush

saabuun

soap

shaambo

shower gel

shaambo

shampoo

cago-saar

flannel

biyo-saare

drain

kareem

cream

carfiso

deodorant

muraayad

mirror

muraayad gacmeed

hand mirror

sakiin

razor

xumbada xiirashada

shaving foam

daawo gar-xiir

aftershave

shanlo

comb

burush

brush

fooneeye

hair dryer

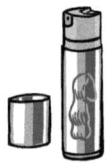

timo-buufis

hairspray

waji-qurxiye

makeup

rooseeto

lipstick

cidiyo-nadiifiye

nail varnish

dun

cotton wool

cidiyo-jar

nail scissors

baarafuun

perfume

boorso-wajidhaq

washbag

saxaro

stool

miisaan culays

weighing scale

dhar-qubeys

bathrobe

gacma gashi cinjir

rubber gloves

tambooni

tampon

tiimshe

sanitary towel

musqul kiimiko

chemical toilet

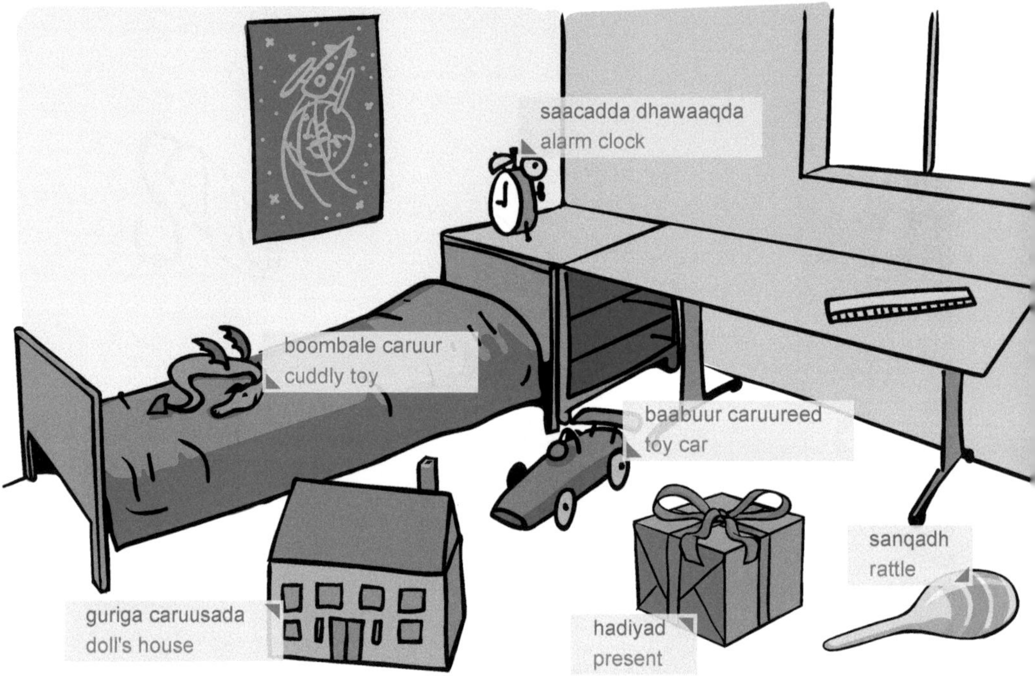

saacadda dhawaaqda
alarm clock
boombale caruur
cuddly toy
baabuur caruureed
toy car
sanqadh
rattle
guriga caruusada
doll's house
hadiyad
present

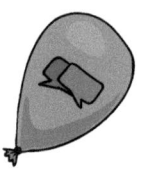

buufin
....
balloon

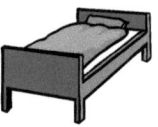

sariir
....
bed

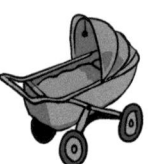

gaariga caruurta
....
pram

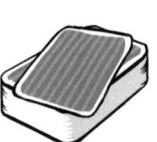

turub
....
deck of cards

miinshaar
....
jigsaw

SUPER
MEGA

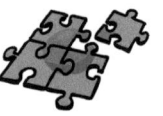

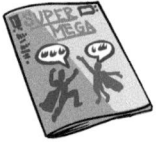

maad
....
comic

bulkeeti boombale ah

lego bricks

tooy

building blocks

sanam

action figure

isku-jooga dhallaanka

babygrow

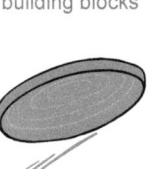

aalad cayaar

frisbee

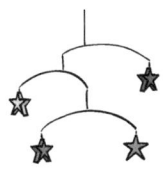

moobaayl

mobile

khamaar

board game

laadhuu

dice

moodo tareen

model train set

boombale

dummy

xaflad

party

buug sawirro

picture book

kubbad

ball

boombale

doll

cayaar

play

dhoobo-dhoobeey

sandpit

wiifoow

swing

alaab-alaabeey

toys

geemka gacanta laga hago

video game console

baaskiil

tricycle

boombale

teddy bear

armaajo dhar

wardrobe

dhar

clothing

sigisaan

socks

sigsaan haween

stockings

surwaal-dhuuqsan

tights

masar scarf

dallad umbrella

suun belt

funaanad t-shirt

kabo tababar trainers

kabo buud boots

dacas slippers

saandalo	kabo	kabo roob
sandals	shoes	rubber boots

hoos-gashi	rajabeeto	garan
underpants	bra	vest

dhar - clothing

jir

body

surwaal

trousers

surwaal jeenis

jeans

goono

skirt

canbuur

blouse

shaati

shirt

funaanad-dhaxameed

pullover

garan dhaxameed

hoodie

jaakad fudud

blazer

jaakad

jacket

koodh

coat

koodhka roobka

raincoat

dhar-munaasabadeed

costume

labbis

dress

lebbis aroos

wedding dress

suit
suit

dhar-hurdo
nightgown

bajaamo
pyjamas

saari
sari

masar
headscarf

cimaamad
turban

cabaayad
burqa

saako
kaftan

cabaayad
abaya

dharka-dabaasha
swimsuit

dabo-gaabyo
trunks

surwaal-dabagaab
shorts

taraak-suut
tracksuit

dufan-dhowr
apron

gacmo gashi
gloves

galluus

button

ookiyaale

glasses

jijin

bracelet

silis

necklace

faraati

ring

dhego dhego

earring

koofiyo

cap

katabaan

coat hanger

koofiyad

hat

garabaati

tie

jiinyeer

zip

helmed

helmet

ilko-reeb

braces

direes dugsi

school uniform

direes

uniform

cayo-dhowr
bib

boombale
dummy

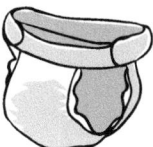

maro-dufeed
nappy

xafiis
office

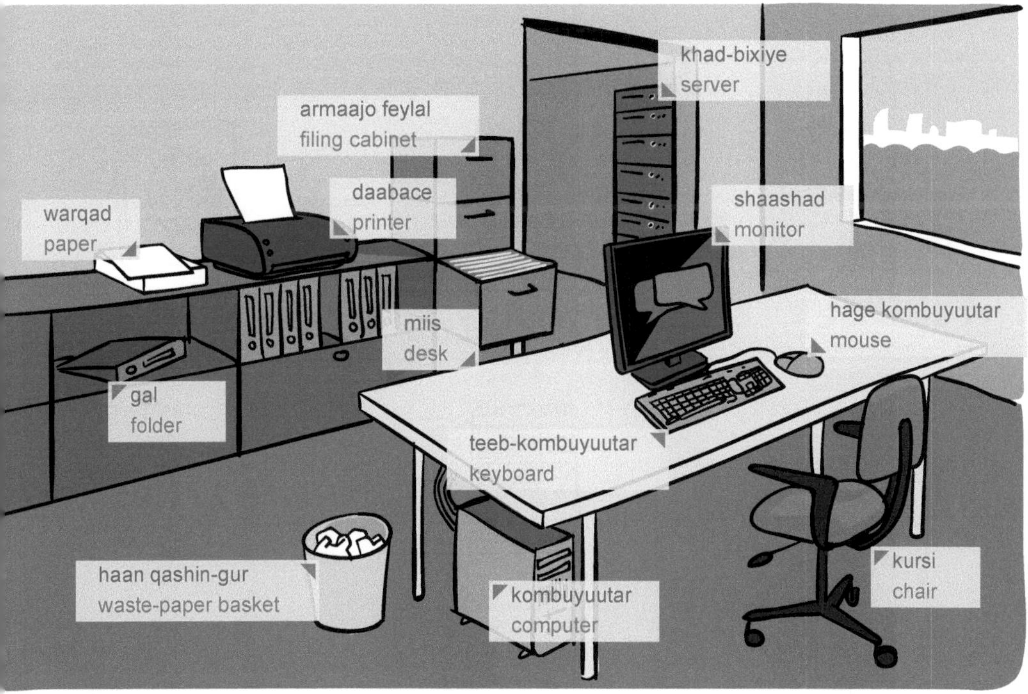

khad-bixiye
server

armaajo feylal
filing cabinet

daabace
printer

warqad
paper

shaashad
monitor

hage kombuyuutar
mouse

miis
desk

gal
folder

teeb-kombuyuutar
keyboard

haan qashin-gur
waste-paper basket

kombuyuutar
computer

kursi
chair

koob kafee
coffee mug

kalkuleytar/xisaabiye
calculator

internet
internet

laabtoob

laptop

bakhshad

letter

fariin

message

moobaayl

mobile

shabakad-kombuyuutar

network

footokoobi

photocopier

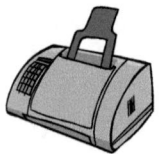

barnaamij-kombuyuutar

software

telefoon

telephone

god koronto

plug socket

mishiinkan fax-ka

fax machine

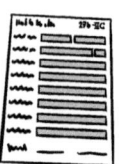

foomka

form

dokumenti

document

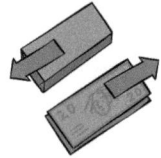

iibso

buy

bixi

pay

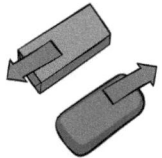

ganacso

trade

lacag

money

doollar

dollar

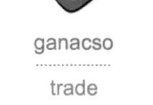

yuuro

euro

yenka jabbaan

yen

robolka ruushka

rouble

Franka iswiiska

Swiss franc

lacagta shiinaha

renminbi yuan

rubiyada hindiga

rupee

maqal

cashpoint

xafiiska sarrifaka lacagaha

bureau de change

dahab

gold

qalin

silver

shidaal

oil

tamar

energy

qiime

price

qandaraas

contract

canshuur

tax

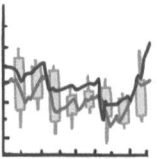

raasumaal

stock

shaqee

work

shaqaale

employee

shaqaaleysiiye

employer

warshad

factory

dukaan

shop

shaqooyin
occupations

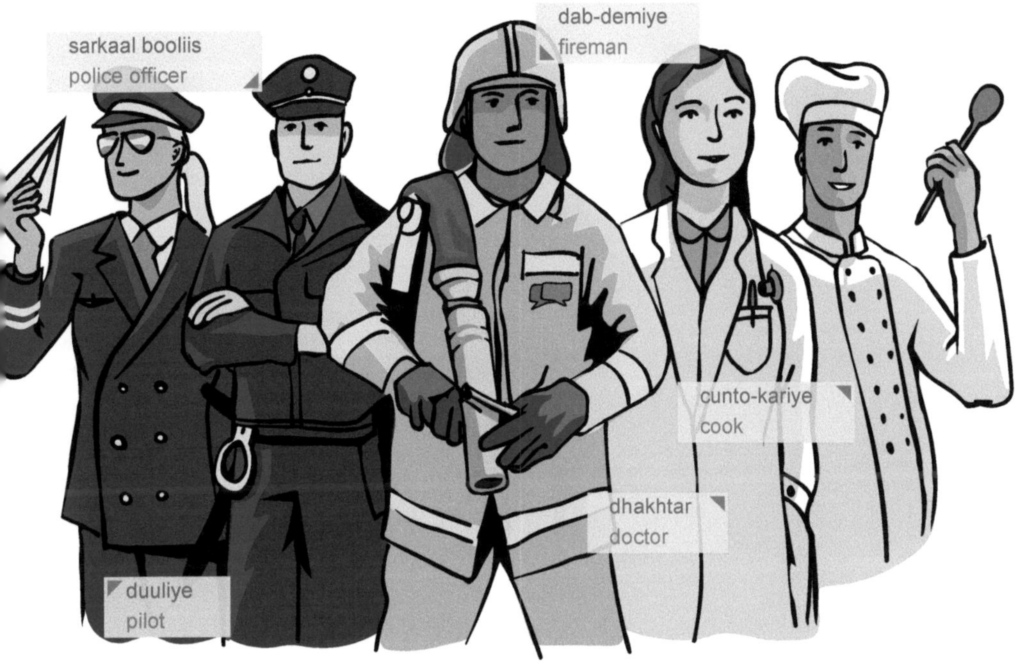

sarkaal booliis
police officer
dab-demiye
fireman
cunto-kariye
cook
dhakhtar
doctor
duuliye
pilot

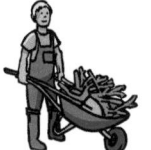

beeralley

gardener

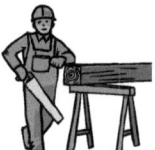

nijaar

carpenter

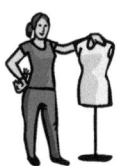

timo-qurxiso

seamstress

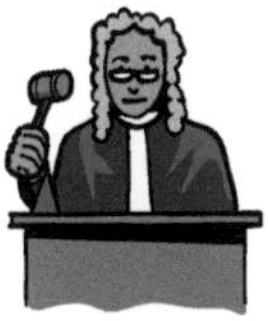

qaaddi

judge

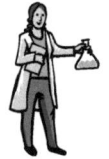

farmashiiste

chemist

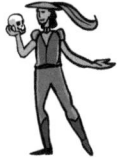

jile

actor

darawal bas

bus driver

taksiile

taxi driver

kalluumeyste

fisherman

nadiifiso

cleaning lady

saqaf-dhise

roofer

kabalyeeri

waiter

ugaarsade

hunter

rinjiile

painter

rooti-dube

baker

koronto-yaqaan

electrician

dhise

builder

injineer

engineer

kawaanle

butcher

tuubbiiste

plumber

boostaale

postman

askari

soldier

injineer-dhismo

architect

qasnaji

cashier

ubax-yaqaan

florist

timo-jare

hairdresser

kiro-uruuriye

conductor

makaanik

mechanic

kabtan

captain

dhakhtar-ilko

dentist

saaynisyahan

scientist

wadaad yahuud

rabbi

imaam

imam

xerow

monk

wadaad

clergyman

qalab
tools

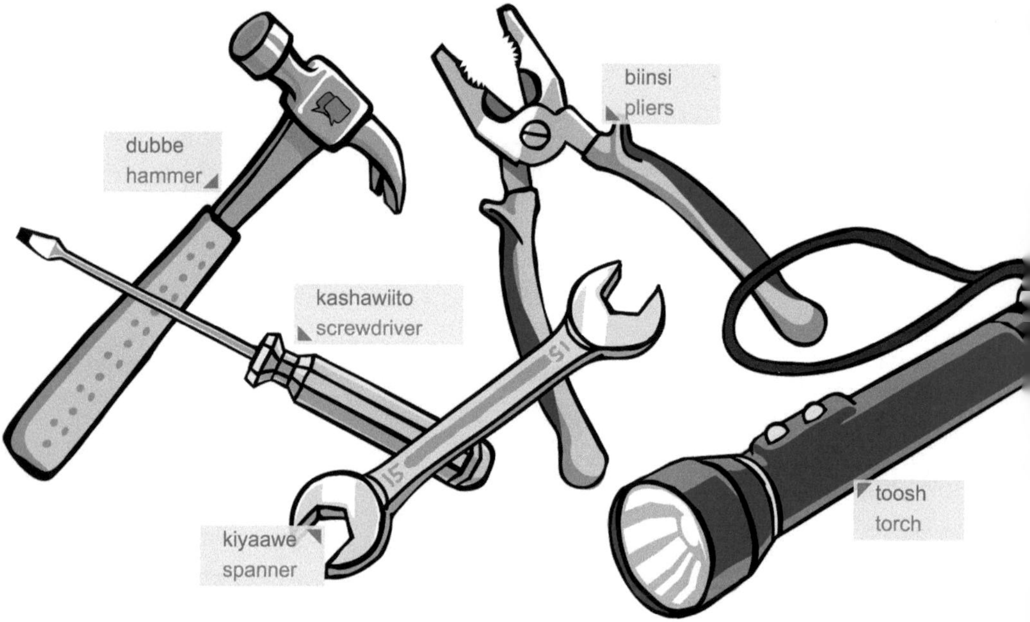

dubbe
hammer
biinsi
pliers
kashawiito
screwdriver
kiyaawe
spanner
toosh
torch

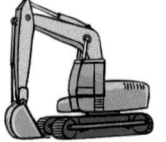

dhul-qoddo
digger

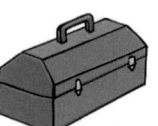

qalab-xajiye
toolbox

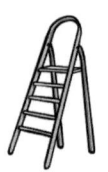

jaraanjaro
ladder

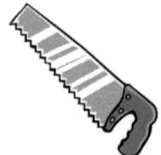

miinshaar
saw

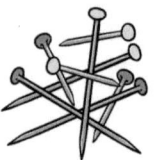

musbaarro
nails

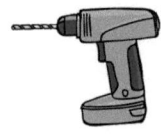

dalooliye
drill

dayactir
repair

badiil
shovel

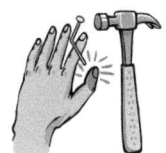

inkaar kugu dhacday!
Damn!

bus-xaabiye
dustpan

gasacad rinji
paint pot

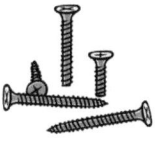

boolal
screws

qalab muusiko
musical instruments

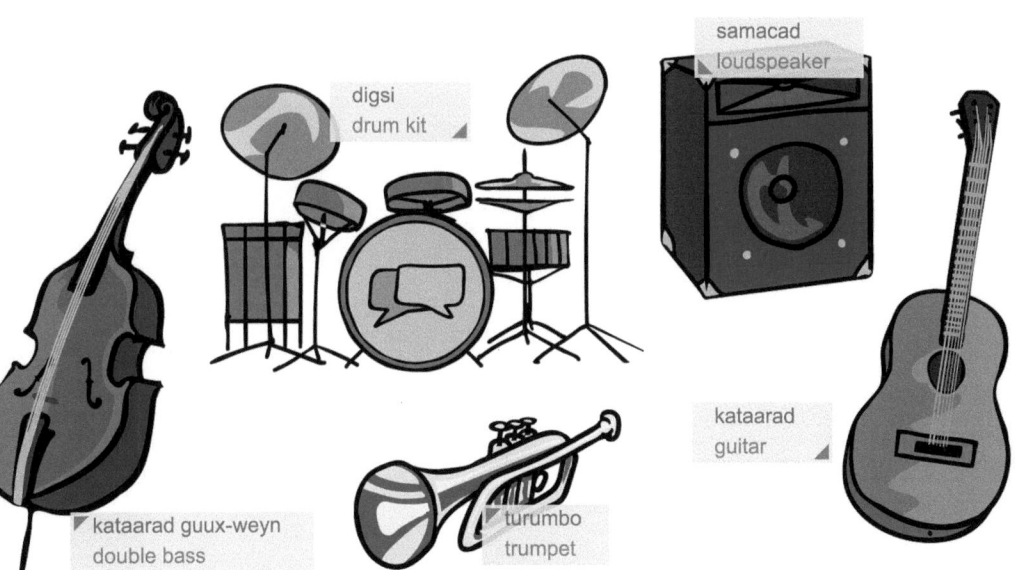

samacad
loudspeaker

digsi
drum kit

kataarad
guitar

kataarad guux-weyn
double bass

turumbo
trumpet

biyaano
piano

fiyooliin
violin

karaarad guux-dheer
bass

durbaan-sheegagle
timpani

durbaan
drums

loox-xarfeed-biyaano
keyboard

turumbo
saxophone

siin-baar
flute

makarafoon
microphone

beer-xayawaan

zoo

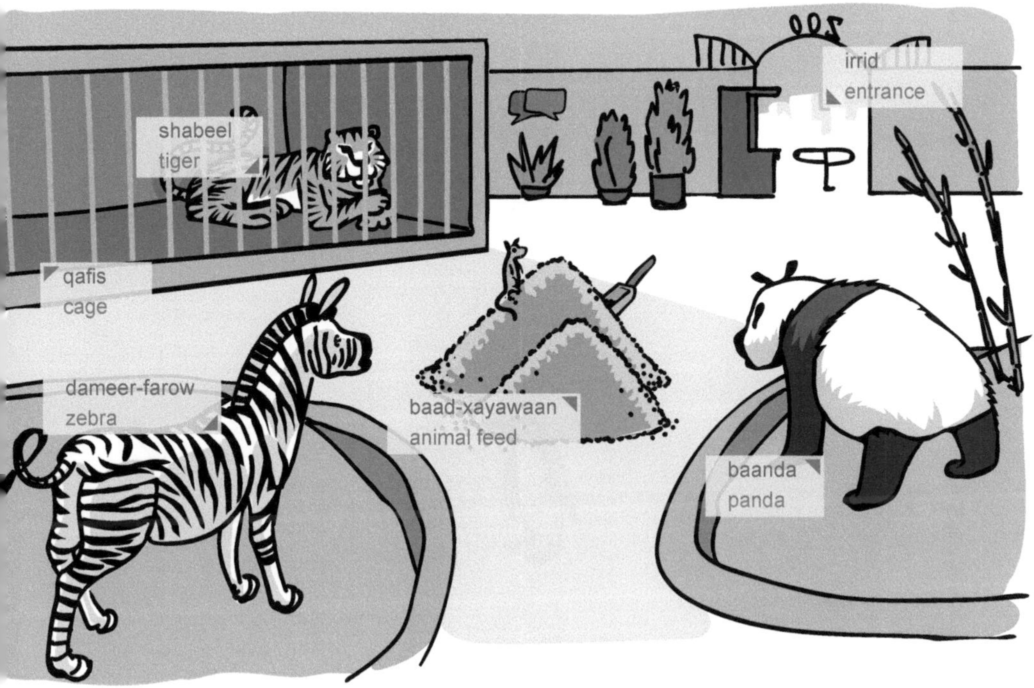

zoo
irrid
entrance
shabeel
tiger
qafis
cage
dameer-farow
zebra
baad-xayawaan
animal feed
baanda
panda

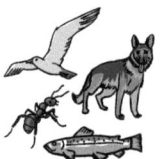

xayawaan

animals

maroodi

elephant

kaangaruu

kangaroo

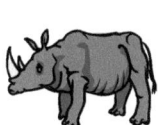

wiyil

rhino

goriille

gorilla

oorso

bear

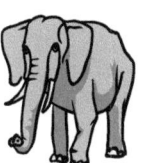

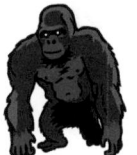

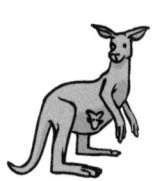

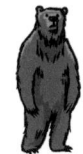

geel

camel

gorayo

ostrich

libaax

lion

daanyeer

monkey

xiita-luga-dheer

flamingo

baqbaqaa

parrot

oorso baraf-ku-nool

polar bear

shimbir baraf

penguin

libaax-badeed

shark

daa'uus

peacock

mas

snake

yaxaas

crocodile

beer-xayawaan ilaaliye

zookeeper

bahal kalluun-cun

seal

shabeel-u-eke

jaguar

dhal faras

pony

harmacad

leopard

jeer

hippo

geri

giraffe

gorgor

eagle

doofaar-jilibeey

boar

kalluun

fish

qubo

turtle

maroodi-badeed

walrus

dawaco

fox

deero

gazelle

kubadda-cagta maraykanka
American football

tartanka bashkuleetiga
cycling

kubbadda miiska
tennis

kubbadda koleyga
basketball

dabaal
swimming

hookiga barafka lagu dh
ice hockey

cayaarta feerka
boxing

kubadda cagta
football

baadminton
badminton

ciyaaraha fudud
athletics

kubadda gacanta
handball

iskii/ciyaarta barafka
skiing

cayaar-faras
polo

hawlo
activities

qosol
laugh
boodid
jump
hab-siin
hug
soco
walk
hees
sing
riyo
dream
duceyso
pray
dhunkasho
kiss

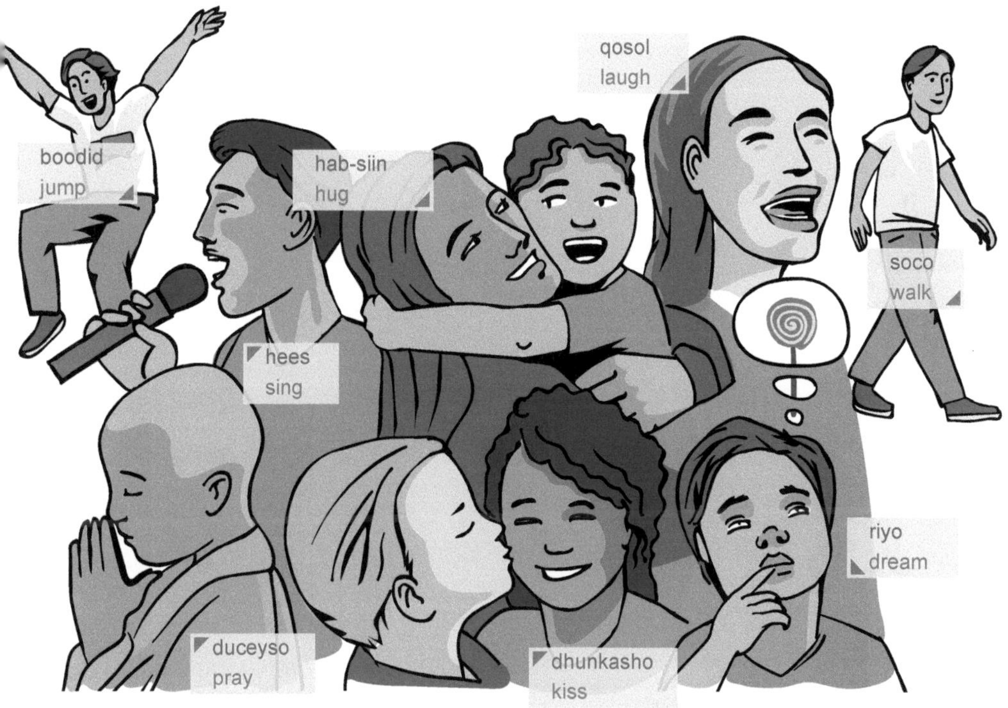

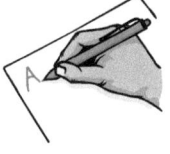

qorraxeed

write

masawirid

draw

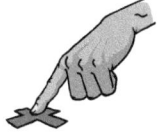

muuji

show

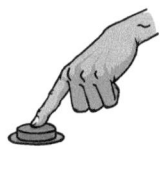

riix

push

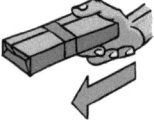

sii

give

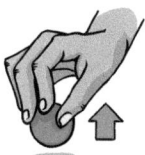

qaado

take

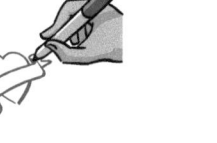

haysasho

have

samee

do

ahaansho

be

istaag

stand

orod

run

jiid

pull

tuur

throw

dhicid

fall

been-sheegid

lie

sug

wait

qaad

carry

fariiso

sit

labiso

get dressed

seexo

sleep

toos

wake up

fiiri

look at

ooy

cry

dhuftay

stroke

shanleyso

comb

hadal

talk

faham

understand

weydii

ask

dhageysasho

listen

cab

drink

cun

eat

habee

tidy up

jacayl

love

kari

cook

kaxee

drive

duulid

fly

shiraaco

sail

xisaabi

calculate

akhri

read

barasho

learn

shaqee

work

guurso

marry

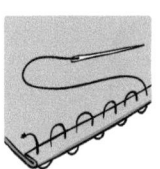

tol

sew

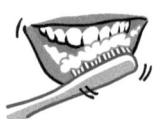

cadayso

brush teeth

dilid

kill

sigaar cab

smoke

dir

send

qoys

family

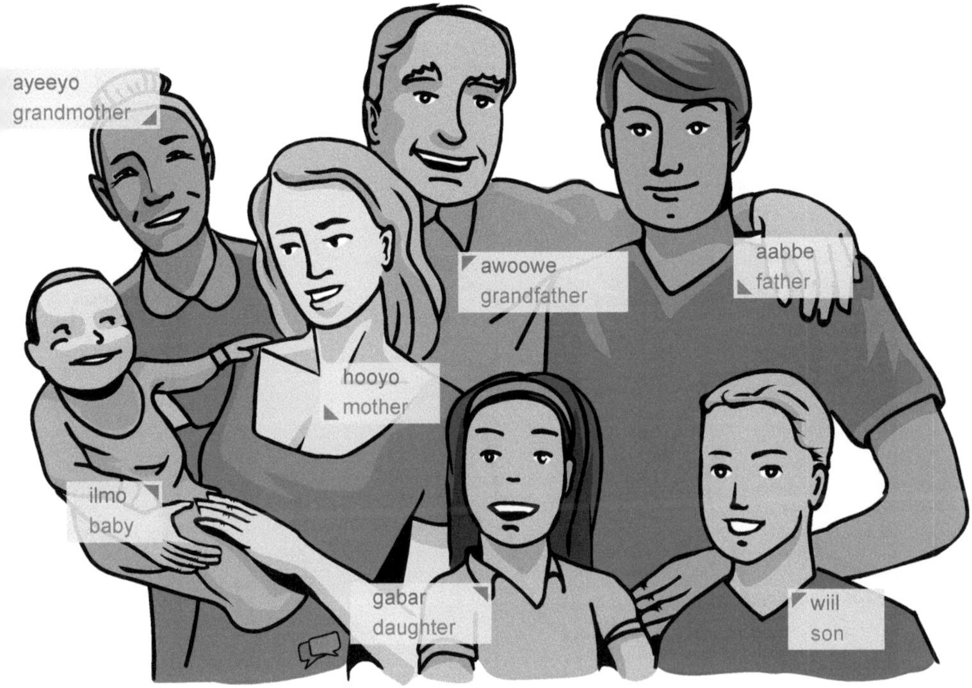

ayeeyo
grandmother
awoowe
grandfather
aabbe
father
hooyo
mother
ilmo
baby
gabar
daughter
wiil
son

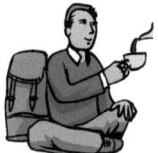

marti

guest

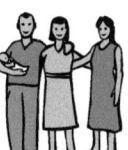

eeddo

aunt

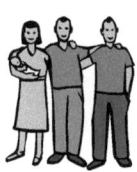

adeer

uncle

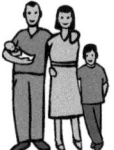

walaal rag

brother

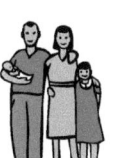

walaal dumar

sister

jir

body

fool
forehead
il
eye
garab
shoulder
far
finger
weji
face
gar
chin
gacan
hand
naas
breast
lug
leg
cudud
arm

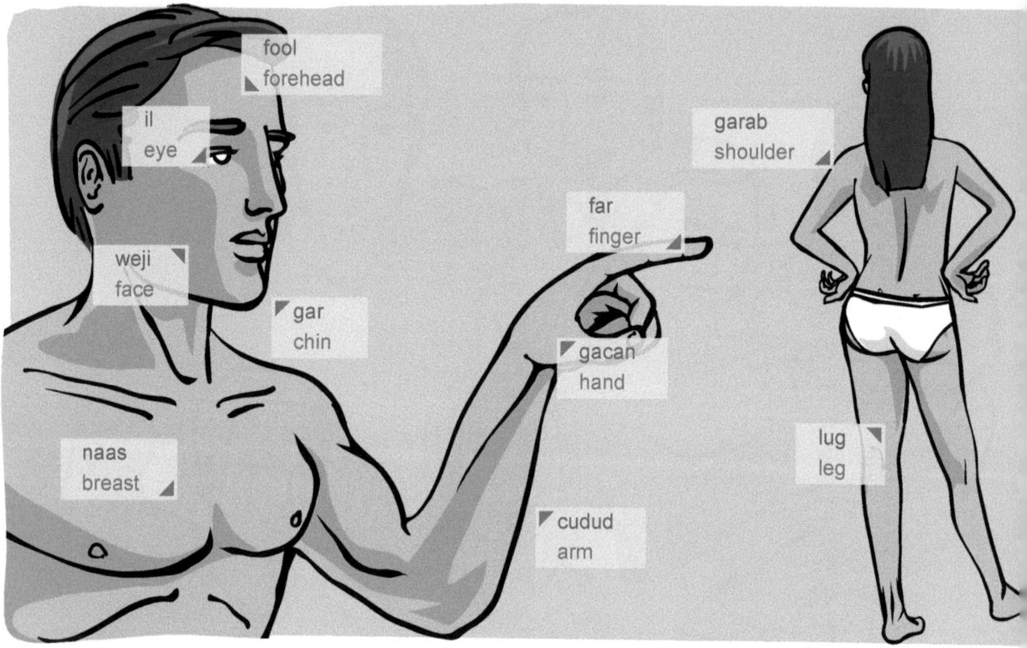

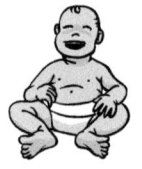

ilmo
baby

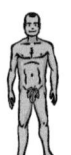

nin
man

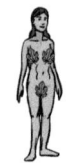

naag
woman

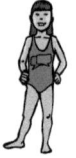

gabar
girl

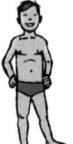

wiil
boy

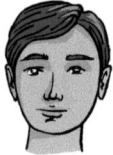

madax
head

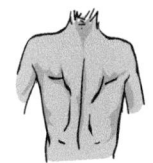

dhabar

back

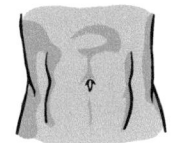

calool

belly

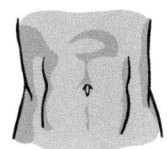

xuddun

belly button

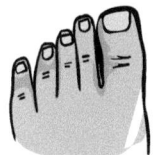

suul

toe

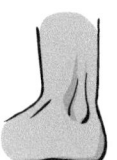

cirib

heel

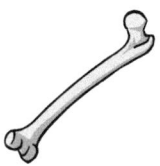

laf

bone

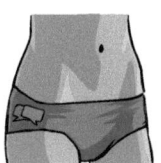

sin

hip

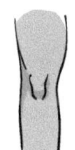

jilib

knee

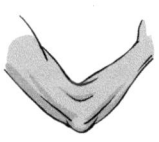

xusul

elbow

san

nose

bari

bottom

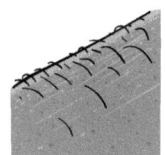

maqaar

skin

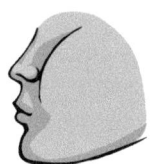

dhafoor

cheek

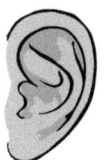

dheg

ear

bishin

lip

af
mouth

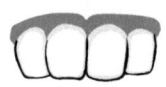

ilig
tooth

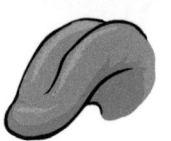

carrab
tongue

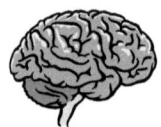

maskax
brain

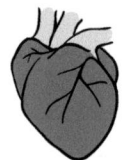

wadno
heart

muruq
muscle

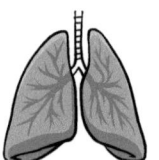

sambab
lung

beer
liver

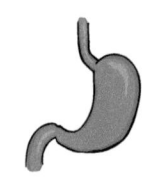

uur kujirta caloosha
stomach

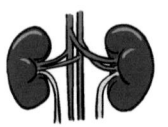

kelyo
kidneys

galmo
sex

cinjir-galmo
condom

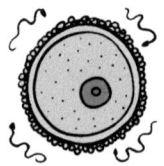

ugxan
ovum

shahwo
semen

uur
pregnancy

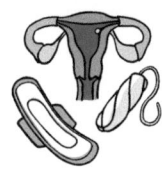

caado

menstruation

siil

vagina

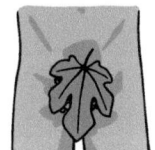

gus

penis

suni

eyebrow

timo

hair

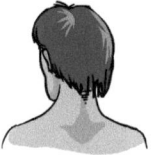

qoor

neck

isbitaal
hospital

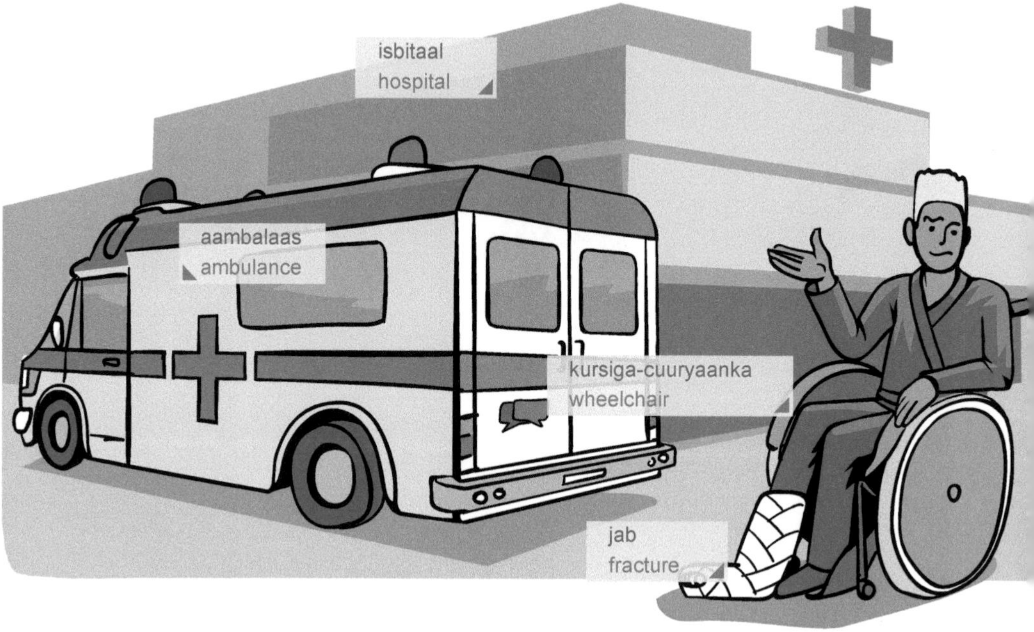

isbitaal
hospital
aambalaas
ambulance
kursiga-cuuryaanka
wheelchair
jab
fracture

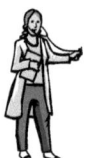

dhakhtar

doctor

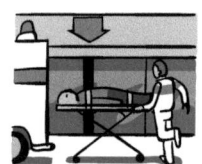

qolka xaaladaha-degdega ah

emergency room

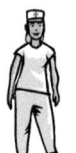

kalkaaliye

nurse

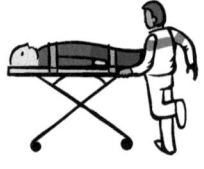

xaalad deg-deg ah

emergency

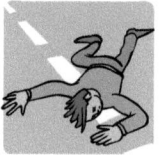

miyir-beelsan

unconscious

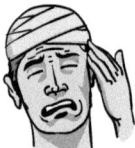

xanuun

pain

dhaawac

injury

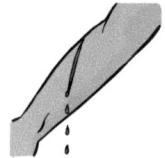

dhiig-bax

bleeding

wadno-xanuun

heart attack

qallal

stroke

xasaasiyad

allergy

qufac

cough

qandho

fever

hargab

flu

shuban

diarrhoea

madax-xanuun

headache

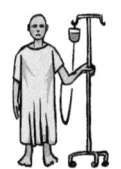

kansar

cancer

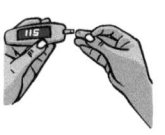

cudurka sokoroow

diabetes

dhakhtarka-qalliinka

surgeon

mindida qalliinka

scalpel

qalliin

operation

iskaan

CT

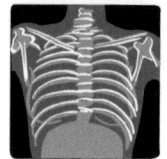

raajo

x-ray

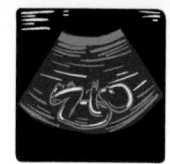

dhawaaq-xawaareed

ultrasound

maaskaro

face mask

cudur sokoroow

disease

qolka sugitaanka

waiting room

ul lagu boodo

crutch

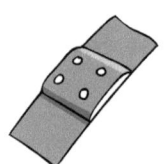

kab

plaster

faashato

bandage

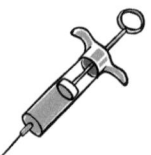

duris

injection

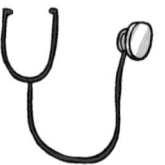

wadne-dhegeyeste

stethoscope

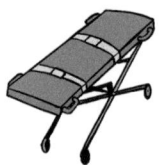

balankiino

stretcher

heer-kul-beega qandhada

clinical thermometer

dhalasho

birth

aad-u-cayilan

overweight

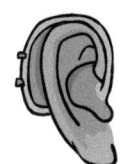

maqal-caawiye

hearing aid

jeermis-dile

disinfectant

caabuq

infection

feyras

virus

AYDHIS/HIV

HIV / AIDS

daawo

medicine

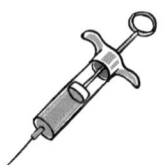

tallaal

vaccination

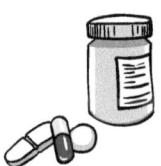

kaniiniyo

tablets

kaniin

pill

wicitaan deg-deg ah

emergency call

cabbiraha dhiig-karka

blood pressure monitor

xanuunsan / caafimaadsan

ill / healthy

i caawiya!

Help!

sawaxan

alarm

weerar-kadisa ah

assault

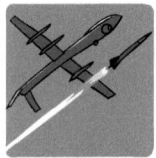

weerar

attack

khatar

danger

irridda bixida xaalad-deg-deg

emergency exit

dab!

Fire!

dab demiye

fire extinguisher

shil

accident

saduuqa xaalada-degdega ah

first-aid kit

codsi badbaado

SOS

booliis

police

Yurub

Europe

woqooyiga ameerika

North America

koonfurta ameerika

South America

Afrika

Africa

Aasiya

Asia

Oostareeliya

Australia

Atlaantik

Atlantic

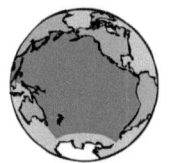

Pacific

Pacific

Bad-waynta hindiya

Indian Ocean

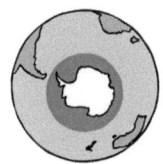

Bad-waynta antarctica

Antarctic Ocean

Bad-waynta arctic

Arctic Ocean

cirifka waqooyi

North Pole

cirifka koonfureed

South Pole

Antarctica

Antarctica

dhul

Earth

dhul

land

bad

sea

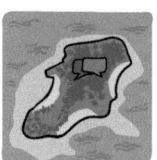

jasiirad

island

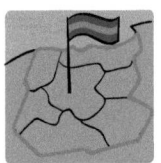

waddan

nation

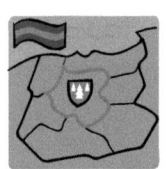

gobol

state

wajiga saacadda

clock face

gacanka saacada

hour hand

gacanka daqiiqada

minute hand

gacanka ilbiriqsiga

second hand

waa intee saac?

What time is it?

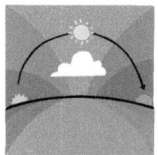

maalin

day

wakhti

time

hadda

now

saacadda jiifarrada

digital watch

daqiiqad

minute

saacad

hour

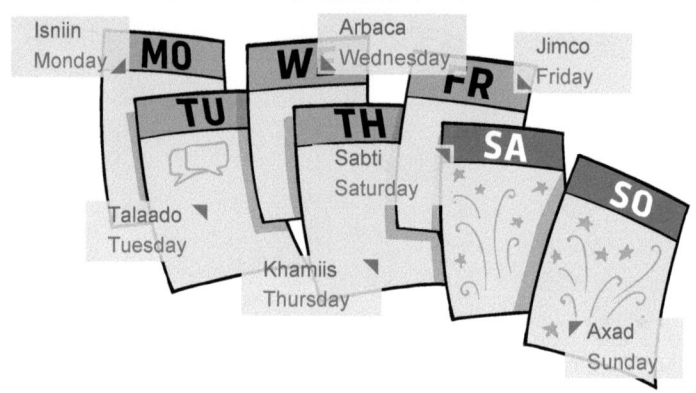

Isniin / Monday
Arbaca / Wednesday
Jimco / Friday
Talaado / Tuesday
Sabti / Saturday
Khamiis / Thursday
Axad / Sunday

shalay

yesterday

maanta

today

berri

tomorrow

subax

morning

duhur

noon

casir

evening

MO	TU	WE	TH	FR	SA	SU
1	2	3	4	5	6	7
8	9	10	11	12	13	14
15	16	17	18	19	20	21
22	23	24	25	26	27	28
29	30	31	1	2	3	4

maalmaha shaqo

business days

MO	TU	WE	TH	FR	SA	SU
1	2	3	4	5	6	7
8	9	10	11	12	13	14
15	16	17	18	19	20	21
22	23	24	25	26	27	28
29	30	31	1	2	3	4

dabayaaqada usbuuca

weekend

sanad
year

roob
rain
qaanso-roobaad
rainbow
roob-baraf
snow
dabayl
wind
gu'
spring
deyr
autumn
xagaa
summer
jiilaal
winter

4.APRIL 11°
5.APRIL 4°
6.APRIL 13°
7.APRIL 8°
8.APRIL 10°

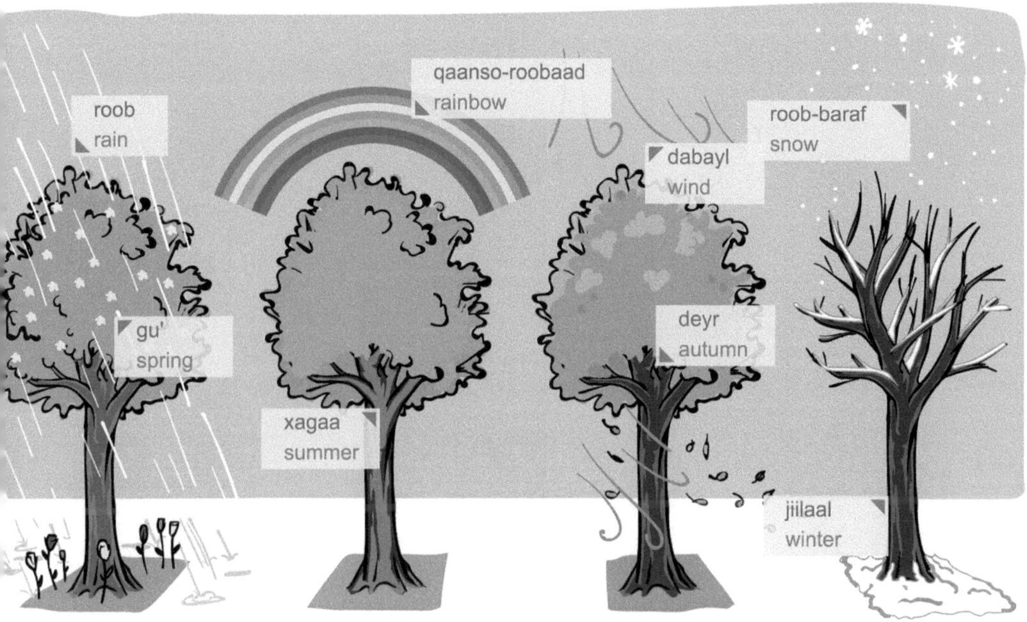

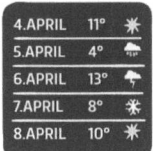

saadaal hawo

weather forecast

F C
120 40
90 30
60 20
30 10
0 0
-30 -10
-20

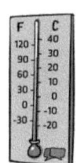

heer-kul baare

thermometer

qorraxeed

sunshine

daruur

cloud

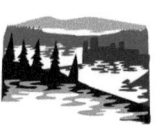

ceeryaamo

fog

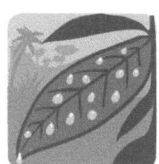

huur

humidity

jac

lightning

onkod

thunder

duufaan

storm

roob-baraf

hail

maansuun

monsoon

daad

flood

baraf

ice

Jannaayo

January

Febraayo

February

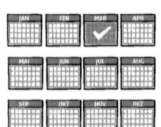

Maarso

March

Abriil

April

Mey

May

Juun

June

Luulyo

July

Agoosto

August

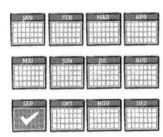

Sebteember
....
September

Oktoobar
....
October

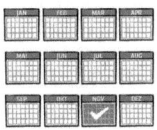

Nofeember
....
November

Diseember
....
December

goobaabo
....
circle

afar-gees
....
square

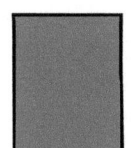

leydi
....
rectangle

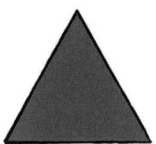

saddex-xagal
....
triangle

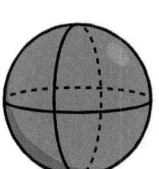

wareeg
....
sphere

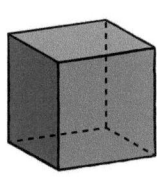

bokis
....
cube

caddaan

white

hurdi

yellow

oranji

orange

guduud-khafiif

pink

casaan

red

carwaajis

purple

bluug

blue

cagaar

green

boroon

brown

cawl

grey

madow

black

badan / yar

a lot / a little

caro / daganaan

angry / calm

qurxoon / foolxun

beautiful / ugly

billow / dhammaad

beginning / end

yar / weyn

big / small

iftiin / mugdi

bright / dark

walaalkaa / walaashaa

brother / sister

nadiif / wasakhaysan

clean / dirty

buuxa / dhantaalan

complete / incomplete

maalin / habeen

day / night

dhintay / nool

dead / alive

ballaaran / ciriiri ah

wide / narrow

la cuni karo / aan la cuni karin

edible / inedible

arxan-daran / naxariis-badan

evil / kind

faraxsan / caajisan

excited / bored

buuran / caateysan

fat / thin

ugu horeeya / ugu dambeeya

first / last

saaxiib / cadaw

friend / enemy

maran / buuxa.

full / empty

adag / jilicsan

hard / soft

culus / fudud

heavy / light

gaajo / oon

hunger / thirst

xanuunsan / caafimaadsan

ill / healthy

sharci-darro / sharci

illegal / legal

caaqil / dabbaal

intelligent / stupid

bidix / midig

left / right

dhow / fog

near / far

cusub / duug

new / used

waxba / wax

nothing / something

da' / dhalinyar

old / young

daaris / damin

on / off

furan / xiran

open / closed

aamusnaan / cod-dheer

quiet / loud

taajir / sabool

rich / poor

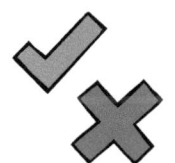

sax / khalad

right / wrong

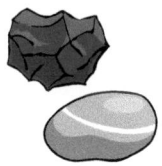

jilif leh / sabiibax

rough / smooth

murugsan / faraxsan

sad / happy

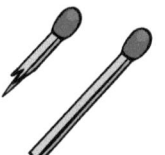

gaaban / dheer

short / long

tartiib / dhaqsi

slow / fast

qoyaan / qalleyl

wet / dry

qandac / qabow

warm / cool

dagaal / nabad

war / peace

0

eber

zero

1

kow

one

2

laba

two

3

saddex

three

4

afar

four

5

shan

five

6

lix

six

7

toddoba

seven

8

sideed

eight

9

sagaal

nine

10

toban

ten

11

kow iyo toban

eleven

12

laba iyo toban

twelve

13

sadex iyo toban

thirteen

14

afar iyo toban

fourteen

15

shan iyo toban

fifteen

16

lix iyo toban

sixteen

17

todoba iyo toban

seventeen

18

sideed iyo toban

eighteen

19

sagaal iyo toban

nineteen

20

labaatan

twenty

100

boqol

hundred

1.000

kun

thousand

1.000.000

malyuun

million

Af ingiriis

English

Ingiriiska Mareykanka

American English

Mandariinka Shiinaha

Chinese Mandarin

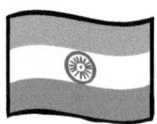

Hindi

Hindi

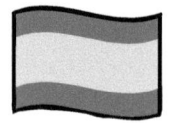

Boortaqiis

Spanish

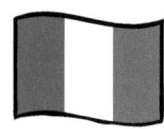

Faransiis

French

Carabi

Arabic

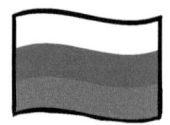

Ruush

Russian

Boortaqiis

Portuguese

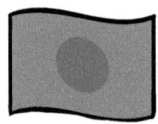

Bengaali

Bengali

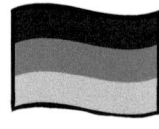

Jarmal

German

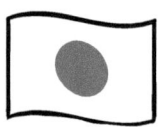

Jabaaniis

Japanese

aniga

I

adiga

you

asaga / ayada

he / she / it

annaga

we

idinka

you

ayaga

they

kee?

who?

maxay?

what?

sidee?

how?

xagee?

where?

goorma?

when?

magac

name

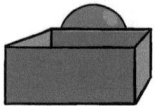

gadaal

behind

gudaha

in

horta

in front of

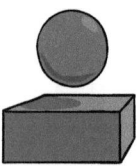

ka sare

over

dusha

on

ka hooseeya

under

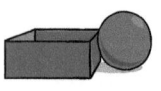

dhinac

beside

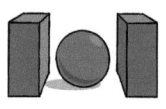

u dhexeeya

between

meel

place